Einige Monate später wird Elisabeths Vater, ein Hauptmann, nach Dijon berufen. Die kleine Familie zieht um.

Sabeth – so nennt sie ihre Mutter –
ist sehr lebhaft. Und manchmal auch
ganz schön eigenwillig und zornig. Dann
wirft sie sich auf den Boden und vergisst
alle Manieren. Das kommt nicht nur
zu Hause vor, sondern überall, wo es
ihr gerade passt.

Eines Tages leiht ihre Mutter dem
Pfarrer Sabeths Puppe Jeanette für
die Weihnachtskrippe aus. Als Elisabeth
ihre Puppe in der Krippe entdeckt,
fängt sie in der Kirche laut zu schreien an:
„Du gemeiner Pfarrer, gib mir Jeanette
zurück!"

Trotz ihres Dickkopfs ist Sabeth eine begeisterte Beterin. Ihre Eltern haben ihr gesagt, dass Jesus in ihrem Herzen wohnt und sie sehr lieb hat. Manchmal setzt sie sich ihre Puppe auf den Schoß und bringt ihr das Beten bei.

Bald bekommt Sabeth eine
kleine Schwester: Marguerite.
Sie gibt ihr Küsschen und sagt zärtlich
„meine süße kleine Gitte" zu ihr.
Sabeth ist ein „kleiner Teufel",
Gitte ein „kleiner Engel".
So verschieden die Beiden auch sind –
sie sind unzertrennlich!

Als Elisabeth 7 Jahre alt ist,
stirbt ihr Vater an Herzversagen.
Das bekümmert sie zutiefst.
Um ihre Mutter zu trösten, verspricht
sie ihr, nicht mehr zornig zu werden.
Sie bittet Jesus, ihr dabei zu helfen.

Das Leben geht weiter. Eine Lehrerin kommt ins Haus und gibt Sabeth und Gitte Unterricht in Mathematik, Französisch, Geschichte, Erdkunde, Englisch, Handarbeit… Sabeth nimmt außerdem Musik- und Klavierunterricht. Sie ist sehr begabt. Was wird einmal aus ihr werden?

Eines Abends, als sie 8 Jahre alt ist,
bricht sie ihr Spiel mitten drin ab und läuft
zu dem Priester, der gerade bei ihnen ist.
Sie vertraut ihm ihr Geheimnis an:
„Ich will Nonne werden!"
Ihre Mutter hört zu und ruft erstaunt:
„Was sagt meine kleine Verrückte?",
denn Sabeth ist trotz ihrer Bemühungen
immer noch sehr unausgeglichen…

Seit einiger Zeit nimmt sie Kommunionunterricht. Am Tag ihrer Erstkommunion ist sie so glücklich, dass sie Freudentränen vergießt. Als sie nach der Messe aus der Kirche geht, sagt sie: „Ich habe keinen Hunger, Jesus hat mich satt gemacht."

Von da an sind ihre Zornausbrüche wie weggeblasen. Jetzt will sie nur noch eins: Jesus und den Menschen, die ihr wichtig sind, Freude bereiten.

Elisabeth liebt die Musik. Sie übt täglich
vier bis fünf Stunden am Klavier.
Mit 13 Jahren erhält sie den ersten
Preis des Konservatoriums. Sie nimmt an
Konzerten teil, die Zeitungen berichten
darüber.
Doch selbst während sie spielt,
denkt sie an ihre große Liebe: Jesus.

Immer stärker verspürt sie den Wunsch,
Ordensschwester zu werden.
Eines Tages, als die gerade 14 Jahre alt ist,
meint sie, während der Messe das Wort
„Karmel"* zu hören. Gott will also,
dass sie Karmelitin wird. In ihrem Beten
versenkt sie sich ganz in Jesus.

Elisabeth ist ein junges aufgewecktes Mädchen. Sie reist mit ihrer Mutter und ihrer Schwester quer durch Frankreich. Das Meer und die Berge erzählen ihr von Gott.

Sabeth wird oft zu Festen eingeladen.
Sie ist beliebt und hat viele Freunde!
Sie zieht sich schön an und richtet
sorgfältig ihre Frisur. Sie ist fröhlich
und temperamentvoll! Aber selbst
beim Tanzen denkt sie an Jesus.

Elisabeth traut sich zuerst nicht, ihrer Mutter zu verraten, dass sie unbedingt Karmelitin werden möchte. Sie weiß, ihre Mutter will etwas anderes: Sabeth soll heiraten. Aber schließlich ist sie einverstanden, wenn Elisabeth wartet, bis sie 21 Jahre alt ist.
Elisabeth ist überglücklich!

Endlich ist es so weit. Am 2. August 1901
tritt Elisabeth in den Karmel von Dijon
ein. Sie ist so froh, dass nun dieses neue
Leben vor ihr liegt, nach dem sie sich so
lange gesehnt hat. Ihre Tage sind erfüllt
vom Gebet. Selbst wenn sie Wäsche
wäscht, putzt oder näht, alles ist einge-
taucht in die helle Gegenwart Gottes.

Jeden Tag trifft Elisabeth die Schwestern
der Gemeinschaft bei der Rekreation*.
Sie hat sie sehr gern.
Die Priorin*, Mutter Germaine,
leitet sie dazu an, eine richtige Karmelitin
zu werden.

Sie ist ein einziges Strahlen,
als sie am 8. Dezember 1901 eingekleidet
wird. Sie trägt den weißen Schleier
der Novizinnen.
Die Zeit des Noviziats ist nicht einfach.
Es kommt ihr vor, als führte ihr Weg
immer tiefer in die Nacht hinein.
Aber sie hört nicht auf, ihr ganzes
Vertrauen in Gott zu setzen.

Am 11. Januar 1903 ist der Tag ihrer Profess. Elisabeth legt ihre Gelübde* ab, die sie dazu verpflichten, ihr ganzes Leben Jesus zu widmen. Statt des weißen Schleiers trägt sie nun den schwarzen Schleier. Ein großer Friede zieht in sie ein.

Allein in der Stille ihrer Zelle* vertieft sie sich ganz in Jesus. Sie meditiert die Bibel und trägt in ihren Gebeten alle Menschen vor Gott, vor allem die, die in Not sind.

Sie möchte wie ein Gefäß nahe an einer Quelle sein, um in sich die unendliche Liebe Gottes aufzunehmen und sie über die Welt auszugießen. Sie wünscht sich so sehr, dass alle Menschen Jesus kennen und lieben lernen.

Die Schwestern mögen sie sehr, denn sie ist immer fröhlich und erfüllt alle ihr aufgetragenen Dienste bereitwillig. Aber manchmal ist sie zerstreut. Eines Tages, als sie die Türen öffnen und abschließen soll, hat sie die Schlüssel verloren!

Nach einer Phase der Zurückgezogenheit* ist sie eines Abends so von Liebe ergriffen, dass sie auf ein Stück Papier ein Gebet notiert, das heute weltweit bekannt ist: „O mein Gott, Dreifaltigkeit, die ich anbete…".
Sie möchte ganz mit Jesus, dem Vater und dem Heiligen Geist verschmelzen und für immer mit ihnen zusammen bleiben.

Elisabeth hat zwar kein Klavier mehr,
dafür ist ihr Leben Musik geworden.
In ihrem Herzen singt es unaufhörlich
zum Lob und zur Ehre Gottes.

Als sie noch keine 25 Jahre alt ist, überfällt Elisabeth plötzlich eine große Schwäche. Sie kann kaum noch etwas zu sich nehmen. Im März 1906 wird sie auf die Krankenstation gebracht.

Tag für Tag geht es ihr schlechter. Sie spürt, dass sie bald sterben wird. Sie überrascht ihre Mutter, ihre Schwester und ihre Freunde mit langen Briefen. Sie schreibt ihnen, wie sehr Gott sie alle liebt und wie gut es ist, ihn immer und in allen Lebenslagen zu lieben.

Sie bittet die Muttergottes, ihr zu helfen, durch ihr Leiden in der Liebe zu wachsen und dem gekreuzigten Jesus immer ähnlicher zu werden. Sie umarmt sein Kreuz und sagt:
„Er liebt uns über alles!"

Am Morgen des 9. November 1906
stirbt Elisabeth mit den Worten:
„Ich gehe zum Licht, zur Liebe,
zum Leben".
Und allen, die in ihr eine wahre Freundin
gefunden haben, hinterlässt sie die Worte:
„Glaube immer an die Liebe und singe
immer ein Danke!"

Erklärungen...

Gelübde: Wenn eine Nonne ein Gelübde ablegt, verspricht sie Jesus, ihm ihr ganzes Leben zu übergeben.

Karmel: eine Ordensgemeinschaft, deren Schwestern Karmelitinnen genannt werden.

Novizin: eine junge Frau, die in einen Orden eintreten will.

Priorin: Sie ist verantwortlich für die Gemeinschaft und für das Zusammenleben der Schwestern.

Rekreation: Eine bestimmte Zeit am Tag, die die Schwestern gemeinsam zur Erholung verbringen.

Zelle: das Zimmer einer Karmelitin.

Zurückgezogenheit: Jede Schwester verbringt ein paar Tage in Schweigen und Einsamkeit, um sich ins Gebet zu vertiefen.